L'esprit de la vallée

Pierre Rouanne

L'esprit de la vallée

Illustrations de
Lalou

Collection dirigée par
Régis Delpeuch

SEDRAP Jeunesse

Pierre Rouanne est né à Toulouse en 1963.
De son père, dessinateur industriel, il hérite de l'amour du dessin et du travail bien fait.
De sa mère, aide maternelle, l'amour des enfants et de l'école. Des deux, il garde la passion pour la nature, pour sa région et pour un certain art de vivre.
Dès son plus jeune âge, il se fait remarquer par ses dessins qui remplaceront quelques corvées et devoirs (même au service militaire !), mais aussi par quelques caricatures qui lui vaudront quelques déboires.
Entré à l'école normale de Toulouse en 1981, il présentera ses encres de couleur dans de nombreuses expositions régionales, assurera une importante correspondance de presse pour La Dépêche du Midi avant d'écrire pour les Éditions SEDRAP une collection de livres interactifs.
Marié, père d'un petit garçon et d'une petite fille, il est toujours instituteur dans le Lauragais, la région de son enfance…

Lalou

Qui se cache derrière ce pseudonyme ?

Un jeune homme né en 1972, né et habitant toujours à Mérignac dans la Gironde.

Fan de BD, il vient de publier (sous un autre pseudonyme, D'Fali), aux Éditions Soleil, les trois albums de la série « Garous ».

Collaborateur régulier des Éditions Sedrap, il a illustré plusieurs romans ainsi que toute la méthode de lecture « Frisapla la sorcière ».

J'ai déjà essayé de raconter cette histoire. Il y a longtemps. J'avais onze ans à l'époque. On ne me crut pas. Finalement, je suis certain aujourd'hui que c'est ce qui m'a sauvé. On ne croit pas les enfants. Les choses qu'ils voient, qu'ils sentent au-delà du monde bien rassurant des adultes ne peuvent pas exister. Il n'y a pas de place pour l'inexplicable.

Ce ne peut être qu'une impression confuse, le mélange dans une tête trop jeune d'angoisses enfantines, d'exagération de propos entendus, d'un peu de réalité, peut-être d'un peu de malice... Que sais-je ?

Mais moi j'en suis sûr, je l'ai vu. Le vieux Gaston n'a pas eu ma chance. Il l'a vu lui aussi et on ne l'a pas cru. On l'a enfermé. Il n'était pas fou, pourtant. Il l'est devenu, là-bas, au milieu des autres. Je ne veux pas finir à l'asile moi aussi, alors je ne parle plus de cet été-là. Tout est rentré dans l'ordre. On a trouvé des explications raisonnables.

Je ne dois plus parler. Mais je vais écrire. Je suis sans doute le seul à me souvenir de lui.

Chapitre 1
L'autoroute

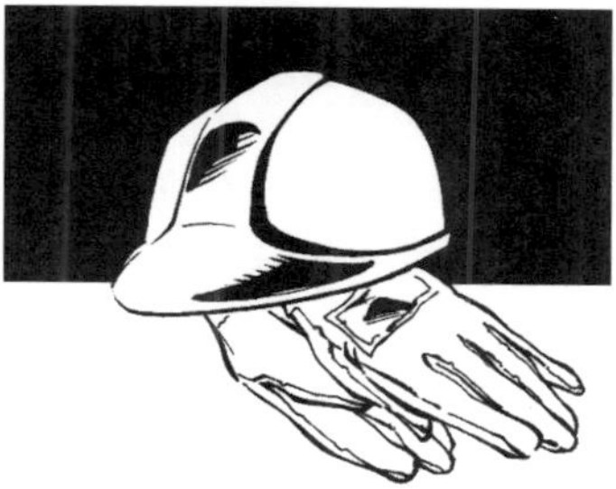

Tapi dans les hautes herbes, au sommet de la colline qu'on appelle ici le Montet, je ne perdais pas une miette du combat que livrait l'homme à la nature.

D'énormes engins avaient envahi la vallée dès le printemps. Des pelles mécaniques fouillaient et creusaient la terre ; des bulldozers poussaient des gravats jusque dans les bennes d'immenses camions dont chaque roue faisait deux fois ma taille ; d'autres outils travaillaient, dont je ne comprenais pas toujours l'utilité et dont je n'avais pas jusqu'alors soupçonné l'existence.

Dès le début du mois de juin, la roche avait été mise à nu, traçant une énorme bande. Les véhicules y soulevaient en permanence une poussière ocre qui se déposait loin alentour, dissimulant les arbres sous une croûte toujours plus épaisse.

Souvent, le chantier se heurtait à un relief rocheux plus important. On avait alors recours à la dynamite. Il n'était pas un jour où l'on n'entendait l'explosion d'une charge se répercuter d'écho en écho dans la montagne.
Cet exceptionnel déploiement de force m'impressionnait. Tous les matins, j'échappais à la surveillance assidue de mon grand-père pour aller observer dans la vallée cette titanesque fourmilière. Je montais dans mon vieux chêne, m'installais sur la grosse branche qui partait à mi-hauteur, juste avant le feuillage, et de là je pouvais voir le chantier de bout en bout. Mieux : de mon observatoire, je dominais aussi, de l'autre côté du Montet, les champs et la vieille ferme du grand-père.
Il faut dire qu'il m'avait expressément défendu de m'approcher du secteur. Je ne comprenais pas pourquoi, mais il semblait en vouloir beaucoup aux ouvriers de l'autoroute.

Mon grand-père était un personnage rude et solitaire, attaché à ses maigres arpents de terre rocailleuse. C'est pourquoi j'ai tout d'abord cru qu'il voyait d'un mauvais œil que le chantier

empiète sur son territoire. Simple avarice.
J'aimais beaucoup mon grand-père. Il était bourru, certes, mais il était droit, juste et bon, et tout le monde le respectait au village.
N'imaginez pas un vieillard chenu à casquette et chemise usée comme on en voyait sur les cartes postales à l'épicerie de la mère Jacquard. Non. L'ancien n'avait pas soixante ans. C'était un gaillard trapu, de taille moyenne, l'œil clair et vif. Je ne sais pas au juste ce qu'il faisait comme métier, mais il avait un poste important dans une grande entreprise. Simplement, un jour, il s'était rendu compte qu'il pouvait diriger ses affaires de chez lui, de sa vallée, grâce à l'informatique. Les gens du village comprenaient mal le système, mais l'usage de l'ordinateur lui valait le respect de ses concitoyens. Il faut dire qu'il n'y avait que trois ordinateurs à Castelroc : celui du grand-père, celui de la mairie (dont la secrétaire ne se servait que comme machine à écrire) et celui de la mère Jacquard. Cette dernière avait voulu faire entrer le progrès dans sa boutique, mais n'avait jamais pianoté plus de dix mots. Bref. J'aimais et j'admirais mon grand-père. Je passais avec lui toutes mes vacances scolaires et pas mal de week-ends.

Mes parents étaient séparés. Je ne voyais presque jamais mon père, et ma mère, qui était infirmière, avait des horaires épouvantables. Moi, je m'en fichais ! Ça me permettait de courir les bois et les bords des torrents.
Échapper à la surveillance de mon grand-père était devenu un jeu et je n'étais pas loin de croire que ça l'amusait lui aussi. Enfin... ça l'avait amusé. Jusqu'à l'arrivée des « hommes en jaune ». C'est comme ça qu'on appelait les gens du chantier, au village, à cause de leurs combinaisons de travail. Depuis, bien des choses ont changé, dans la vallée. Je l'ai senti malgré les efforts que tout le monde a faits pour me tenir à l'écart.
Tout d'abord, il y a eu de vives disputes. Mon grand-père n'était pas le seul qui râlait après les travaux.
Et puis il y eut ce soir d'orage...

Chapitre 2
Premiers évènements

Je pris conscience de la contestation par hasard, au début du mois de juillet. Mon grand-père était descendu au village pour s'acheter son tabac quotidien. Comme à l'accoutumée, il m'avait amené avec lui car il ne rechignait pas à me payer des bonbons.

Ce jour-là, la rue unique du village témoignait d'une agitation bien singulière. Trois groupes apparemment très distincts se partageaient la voie. Sur la chaussée, une vingtaine d'hommes et de femmes s'appuyaient sur des pancartes. Deux d'entre eux laissaient traîner à terre une banderole. Ce groupe était composé pour moitié de paysans de la région et pour moitié de « gars de la ville ». Quoique tous d'origine citadine, ces derniers s'étaient bien fondus dans la population et l'ancien leur témoignait une certaine sympathie.

Face à eux, une vingtaine de villageois avec à leur tête monsieur Thuries, le maire. Celui-ci parlait haut et fort avec deux personnes de l'autre groupe. La discussion semblait violente.
Prudemment en retrait, cinq hommes en jaune regardaient la scène d'un air indécis, coincés entre les deux partis. À leurs poches plastiques, on devinait qu'ils étaient simplement venus faire quelques courses et qu'ils s'étaient trouvés mêlés malgré eux à cette aimable conversation.
Quand nous arrivâmes, on en était au point où l'on sent venir les gros mots, tous les noms d'oiseaux, orduriers de préférence, entre les lèvres. Pour l'heure, on s'en tenait encore à un registre correct, quoique prononcé méchamment. Dans le brouhaha, on distinguait :
« Ennemis du progrès !
– Saccageurs !
– Passéistes !
– Irresponsables !... »
Mais quelques mots plus fleuris commencèrent à fuser. Les mains se crispèrent sur les pancartes ou les manches d'outils.
À ce moment, mon grand-père crut bon d'intervenir. La mère Jacquard voulut me soustraire au spec-

tacle et me fit entrer dans son échoppe. J'y gagnai quelques bonbons, mais je ne pus connaître le dénouement de cette scène.

Quand nous rentrâmes, mon grand-père était dans une colère noire. Ce n'était pas le moment de questionner. Préoccupé comme il l'était, je n'eus aucun mal à m'éclipser pour retrouver mon spectacle préféré. Je traversai le potager, escaladai le Montet et courus jusqu'au chêne. Mais là une surprise m'attendait.

Un homme en jaune, casque de chantier sur la tête, jaillit d'un buisson.
« Holà ! Où vas-tu si vite, jeune homme ? »
Surpris et inquiet, je restai sans voix.
« C'est donc toi qui nous épies depuis deux semaines.
– Comment, fis-je interloqué, vous m'aviez vu ?
– Bien sûr, mais nous ne savions pas encore à qui nous avions affaire. Nous pensions que c'était un de ces gars qui s'opposent à la route. »
Je prenais peu à peu la mesure de ce qui divisait le village depuis le printemps. L'homme interrompit mes pensées.

« Alors, comme ça, il te plaît, le chantier ?
– Oui M'sieur, surtout les engins. »
Le gars eut un rire sonore.
« Viens ! »
Pas très rassuré au début, je le suivis. Il me mena jusqu'aux baraquements. Là, tout le monde fut gentil avec moi. On me vissa un casque sur la tête, on me hissa à bout de bras jusqu'aux cabines des camions, des grues, des pelles… Je pus même actionner les leviers de commande. J'étais émerveillé ; je pouvais approcher, toucher, monter dans ces machines qui m'avaient tant fait rêver.
Une sonnerie, pareille à une corne de brume, annonça la fin de la matinée. Les moteurs s'arrêtèrent.
Tout à ma joie et à mon excitation, je caressais encore les commandes d'un bulldozer quand une voix de basse tonna.
« Paul ! »
Le grand-père était là, campé au milieu du chantier, à côté d'un homme en jaune. Penaud, je le rejoignis bien vite.
« Il ne risquait rien, Monsieur, je vous assure, plaidait l'ouvrier. Vous avez là un sympathique garçon.
– On rentre ! »

Le ton était sec, inutile de discuter.
L'air était lourd, épais. Il me semblait sentir les nerfs tendus de mon grand-père. Il ne dit pas un mot sur le chemin du retour. Ni pendant le repas. À la fin, pourtant, c'est lui qui engagea la conversation.
« Je crois qu'après tout tu es assez grand pour te faire une opinion par toi-même. Cet après-midi, je dois assister à une réunion concernant cette fichue route. De toute façon, je ne peux te laisser seul, et ça t'évitera de te goinfrer de sucreries chez la mère Jacquard. »
Je crus voir flotter un début de sourire complice qui me rassura sur d'éventuelles sanctions.

Quand nous sortîmes, vers trois heures, de pesants nuages noirs commençaient déjà à obscurcir lentement le ciel. Il faisait une chaleur suffocante. Je ne sais si c'était l'approche de l'orage ou le souvenir de la matinée, mais l'air me parut encore plus électrique dans le village.
Pour la première fois, j'entrai dans le café. Mon grand-père m'installa au bar et m'offrit un Coca. Toute recommandation, après l'épisode du chantier, était superflue : je restai calme.

Un des groupes de la matinée entra : celui des opposants à la route. Tout le monde s'attabla et on passa les commandes. J'écoutais. J'appris que, depuis des mois, ce groupe pacifique mais déterminé faisait tout pour arrêter les travaux. On préparait une manifestation pour le lendemain : investissement du chantier, interposition... il fallait sauver la vallée.

Vers la fin de la discussion, un des « gars de la ville » se tourna vers moi :

« Et toi, jeune homme, qu'en penses-tu ? »

À vrai dire, je ne savais pas bien quoi penser. Je me hasardai :

« Quand même, une route, c'est nécessaire ! L'an prochain, je vais au collège. Il est à quarante kilomètres d'ici. Avec cette route... »

Pour toute réponse, j'eus un sourire et un silence qui me parut une éternité.

Enfin, le petit groupe se sépara en se donnant rendez-vous le lendemain matin. Je me promis de ne pas rater ça et emboîtai le pas à mon grand-père.

On ne parla plus de route pendant toute la soirée. Alors que nous terminions notre repas, le vent se leva. Les premiers éclairs zébrèrent le ciel et l'orage s'abattit sur la vallée.

J'aime l'orage. Il m'apporte une bienfaisante sensation de fraîcheur, comme une délivrance.
Pourtant, cette nuit-là, je ne trouvai pas le sommeil. Vers minuit, la foudre s'abattit derrière le Montet.
C'est alors que j'entendis le cri pour la première fois.

Je m'éveillai tard le lendemain, la tête encore pleine des cauchemars de la nuit. Ce cri… Avais-je rêvé ? Il n'avait rien d'humain.

L'orage avait cessé. Dans la cuisine, sur la table, je trouvai le petit déjeuner préparé. Pas de mot. Inutile. Je savais où trouver mon grand-père. Je savais aussi qu'il ne souhaitait plus me revoir au chantier. La tentation était pourtant grande. Je résolus quand même d'obéir et j'attendis.

Midi sonna. Que pouvait-il faire ? Il est d'habitude très ponctuel, surtout à l'heure des repas. N'y tenant plus, je pris à nouveau le chemin détrempé du Montet, mais cette fois je le contournai et j'arrivai au chantier par l'entrée principale, bardée de panneaux d'interdiction.
Ce qui m'étonna tout d'abord, ce fut le calme. Je m'attendais à l'agitation d'une manifestation ;

je trouvai tout le monde groupé, discutant à voix basse, les pieds dans la boue.
C'est alors que j'aperçus le fourgon de la gendarmerie. Je pensai immédiatement au cri : qu'était-il arrivé ?
Personne ne faisait attention à moi ; tous regardaient par terre, dans la même direction, derrière un baraquement. J'approchai. Je sentis qu'on m'attrapait par l'épaule et qu'on me tirait en arrière.
Trop tard ; j'avais vu. Pas tout, mais suffisamment pour qu'aujourd'hui encore cette vision me fasse frissonner.
L'homme qui m'avait découvert la veille, au pied de mon chêne, était là, étendu dans la boue, les yeux tournés vers le ciel.
J'avais déjà vu des morts. C'est impressionnant, bien sûr, mais pas comme celui-là. Il avait encore dans le regard quelque chose d'affreux ; plus que de la peur. De l'épouvante.
Ses cheveux étaient d'un blanc de neige.

Assis à l'écart, n'osant ni parler ni bouger, je pus reconstituer la matinée grâce aux bribes de conversations qui me parvenaient.
Les hommes en jaune craignaient un sabotage. De nombreux détracteurs de l'autoroute étaient prêts à tout pour arrêter les travaux. C'est pourquoi, à tour de rôle, un ouvrier restait en faction, gardant le chantier. Laugier, c'était son nom, avait pris son tour vers vingt-deux heures.

Ce matin, les manifestants étaient arrivés avant tout le monde. Ils l'avaient retrouvé là, allongé dans la boue, figé dans cette grimace d'épouvante. Crise cardiaque. Les enquêteurs avaient relevé des traces délavées par l'orage.
Les traces d'un chien énorme.

Chapitre 3
L'ermite

Toute la semaine, les conversations allèrent bon train à Castelroc. Dans un premier temps, on oublia les querelles entre partisans et adversaires de l'autoroute. Le chantier était arrêté.

Puis, très vite, les journalistes débarquèrent.

Engoncés dans leurs vêtements du dimanche, les habitants de la vallée répondaient aux reporters, développant les hypothèses les plus invraisemblables. L'interview se terminait invariablement par :

« Quand est-ce que ça va passer ? Sur quelle chaîne ? »

... et cela même quand il n'y avait pas de caméra !

Finalement, les deux clans se reformèrent et on se regarda d'un œil soupçonneux.

L'enquête de gendarmerie piétinait. On avait questionné le vieux Gaston qui possédait les trois plus gros chiens de la région. Mais il fut bien vite acquis que ces molosses étaient doux comme des agneaux et qu'ils n'avaient pas quitté le chenil le soir de l'orage. On soupçonna aussi l'ermite. Élie (on ne connaissait que son prénom) vivait seul dans les bois. Il ne descendait jamais au village et passait pour un simple d'esprit. Il fut vite mis hors de cause, ne possédant pas de chien. On interrogea les manifestants, surtout l'un d'eux, un excité qui se présentait comme le chef de file d'un petit groupe de militants.
On chercha même parmi les partisans du maire.
Rien.

Et puis il y avait un mystère. Le médecin avait conclu à une crise cardiaque : Laugier était sûrement mort de peur. Qu'est-ce qui avait pu provoquer une telle frousse ? J'étais persuadé que les gendarmes faisaient fausse route. Personne au village n'était capable d'un tel méfait. Je ne doutais pas que certains puissent faire de mauvais coups, mais aucun ne pouvait effrayer un homme aussi robuste au point d'en provoquer la mort.
La solution était ailleurs.

En mal de faits nouveaux, les journalistes commencèrent à parler du loup.

On savait que des hardes avaient recolonisé l'Espagne. Il n'était pas impossible qu'une de ces bêtes ait franchi la frontière.
Pas impossible pour un journaliste. Moi, je savais bien qu'un loup ne se serait pas approché d'un chantier aussi gigantesque. Et puis, je connais bien ma vallée. On signale régulièrement la disparition de quelques brebis, voire d'une vache, mais rien n'a jamais trahi la présence d'un loup.
J'échafaudais moi-même des hypothèses que je finissais toujours par trouver ridicules. Pendant longtemps, je perdis le sommeil.
Enfin, le travail reprit au chantier. Au début, personne ne s'y opposa. Cela aurait été indécent. Je n'eus même pas à me cacher de mon grand-père pour rejoindre mon poste d'observation.
« Va, si tu veux, maugréa-t-il. Mais cette fois, ne dépasse pas le Montet ! »
Je gravis en courant le sentier entre les herbes folles.
Juste avant d'arriver, je stoppai net.
Il y avait un autre observateur au pied du chêne.

L'homme était entre deux âges, mince et robuste à la fois, un peu voûté. Le visage était tanné par l'air vif des montagnes. Les mains larges et noueuses étaient celles d'un rude travailleur. Poilu, hirsute comme un animal sauvage, il était vêtu de pauvres guenilles rapiécées.

Je reconnus Élie, l'ermite.

Une brindille craqua sous mon talon. Élie sursauta. Il tourna vers moi un regard doux. Il avait l'œil clair et affolé d'une bête traquée. Il se détendit en me voyant.

« Que faites-vous là ? demandai-je. Vous êtes bien loin de votre cabane.

– Pas si loin, petit. Regarde... On distingue le toit d'ici. »

Il me désigna le bois qui couvrait la colline d'en face. Même pour moi qui connaissais bien ma vallée, la vieille masure était difficile à distinguer.

« Dans un mois, un mois et demi au maximum,

un tunnel s'ouvrira à la place de mon bois. »
Je ne réalisai pas à l'époque ce que cette conversation avait d'exceptionnel. Élie alignait rarement plus de trois mots avec ses semblables.
J'eus une réaction que je trouve aujourd'hui stupide. Je cultivais alors l'esprit de contradiction. Je criai presque :
« Mais qu'avez-vous donc tous contre cette route ? Il n'y a rien dans cette vallée ! Avec elle, vous serez à deux heures de la ville. »
Lorsque je disais ville, je pensais cinémas, concerts, fast-foods, lumières, loisirs... Je déchantai en voyant le regard peiné de l'ermite.
Il me tourna le dos, fixa à nouveau les engins à nos pieds.
« Il y avait un pêcheur qui venait tous les ans prendre quelques truites dans le ruisseau, en bas de chez moi. Un gars de la ville. Un gars bien.
– Et alors ! fis-je sans réfléchir. Il pourra venir plus souvent, deux fois plus vite !
– L'autoroute passera au-dessus du ruisseau. »
Mon élan progressiste fut coupé net. Élie le vit. Il continua.
« Tu vois, petit, ce sera ça, ton monde. On ira très vite partout ; mais on n'aura plus nulle part où aller. »

Il se tut. Je n'essayai plus d'engager la conversation. Je restai un moment devant cet homme étrange qui méditait. Je devinais ses pensées. Je voyais devant ses yeux un monde s'écrouler. Je voyais les monstres qu'il avait fuis le rattraper jusque dans sa retraite éloignée de tout. Je commençais à comprendre. Je repartis le plus discrètement possible, me retournant souvent pour regarder la silhouette figée à côté de mon chêne, plantée comme lui, comme un arbre de nos montagnes.
Je me promis de le revoir.

La contestation commençait à reprendre de la vigueur. Le meneur du petit groupe de militants semblait plus décidé, plus déterminé, plus exalté que jamais.
Il se faisait appeler John, mais moi je savais bien qu'il s'appelait Jean, Jean Dufoin, je l'avais lu dans les colonnes d'une pétition contre l'autoroute et j'avais trouvé ça ridicule. Cheveux longs, barbe longue, chemise longue pendant sur ses jeans… « et idées courtes » aimait à compléter mon grand-père. De fait, le bonhomme remuait beaucoup plus d'air que d'idées, assénant toujours les mêmes arguments simplistes.
Bientôt, il n'y eut plus aucun villageois à ses côtés pour protester contre le chantier.

Ce soir-là, une réunion était prévue dans la « grande » salle de la mairie. Partisans et détracteurs du chantier étaient présents, mais on avait volontairement tenu à l'écart Dufoin et ses acolytes. Le maire prit d'abord la parole pour calmer les esprits.

« Je voudrais, insista-t-il, que ce débat se déroule de façon démocratique et courtoise. Je fais donc appel à votre civisme pour que, ce soir, nous oubliions la violence de ces derniers mois et… »

L'appel au calme dura plus que nécessaire, sur le ton ampoulé des petits élus de campagne. Puis le maire céda la parole à mon grand-père.

« Chers amis, attaqua-t-il, je suis de tout cœur avec Alphonse (c'était le prénom du maire) lorsqu'il souhaite apaiser la situation. C'est là notre seul point commun. Ce projet d'autoroute, qu'il défend, est mauvais pour nous. En défigurant la vallée, il nous prive de notre mode de vie. Pour beaucoup d'entre nous, ce sont les valeurs de nos ancêtres ; pour certains, c'est l'idéal qu'ils sont venus chercher dans nos montagnes. Que nous apportera cet immonde ruban d'asphalte ?

– À moi, il m'a déjà apporté des clients, interrompit la mère Jacquard qui fournissait les hommes en jaune.

– Profites-en, la vieille ! cria une voix dans l'assistance. Dans trois mois, les ouvriers seront partis,

et les voitures qui passeront à 130 à l'heure, elles n'auront même pas le temps de l'apercevoir, ta boutique !
– Un peu de respect ! tonna le maire.
– Chacun a le droit de s'exprimer, reprit la voix.
– Tu peux quand même parler autrement que comme un sagouin, fit mon grand-père.
– Oh ! Tu vas pas te mettre du côté du maire, non ? s'insurgea une femme.
– Ne t'inquiète pas, je choisis mes amis, ironisa l'ancien.
– Je ne te permets pas ! » tempêta Alphonse.

À partir de ce moment-là, tous se mirent à parler en même temps, crièrent de plus en plus fort. Dans la pagaille, personne n'écoutait personne. Alors, un hurlement monta au-dehors.

Le silence se fit brusquement. Le cri avait cessé, mais je l'avais reconnu.

C'était le cri que j'avais entendu, le soir de l'orage.

Castelroc, le chantier maudit ?

En l'espace d'un mois, deux ouvriers ont été retrouvés morts dans des circonstances mystérieuses. Dans un climat de contestation où partisans et détracteurs de l'autoroute s'affrontent, les hypothèses les plus contradictoires apparaissent : incident, accident ou crime ?

Nous nous faisions l'écho, le mois dernier, de la mort mystérieuse d'un des contremaîtres du chantier de l'autoroute, décédé d'une crise cardiaque. Un deuxième drame, plus étrange encore, s'est déroulé dans la nuit.

Tous les habitants de Castelroc étaient réunis à la mairie pour un débat portant précisément sur le projet routier. C'est peu après la tombée de la nuit qu'on entendit un hurlement.

« Lugubre, commente monsieur Gunst, le patron de l'hôtel-restaurant. C'était un cri inhumain, comme si on hurlait à la mort. Pourtant, ça n'avait pas l'air d'un chien. »

Les villageois se sont précipités sur leurs véhicules et se sont immédiatement rendus au chantier. « En route, on a entendu comme un coup de

feu », témoigne monsieur Gunst. Il fallut briser la chaîne qui fermait l'entrée du chantier.
Le groupe découvrit là le corps sans vie d'un deuxième ouvrier, Charles Cartier, 23 ans, qui était de garde ce soir-là, près des engins. La victime portait de nombreuses marques de dents et n'avait pas eu le temps de se servir de son fusil.
On se rappelle que les traces d'un grand chien avaient été découvertes près du premier corps. On reparle dans la vallée de l'introduction sauvage de loups qui [...].

J'arrêtai là la lecture du journal. C'était bien la peine que mon grand-père m'interdise ce matin d'approcher du chantier : toute la presse régionale et nationale faisait état de l'affaire dans ses moindres détails.
« Et avec des photos ! s'indignait l'ancien. Ces individus ne respectent rien. »
Il est vrai que les unes des journaux nous abreuvaient de gros plans de la victime, souvent flous car les gendarmes éloignaient les curieux. Mais quand même. J'en perdis le sommeil pendant plusieurs nuits. Pourtant ma curiosité était aiguisée. Je ne croyais pas à ces histoires de loup et je n'imaginais pas un chien

capable d'une telle boucherie. J'aime et je connais bien les chiens. Nous en avons toujours eu à la maison. Et puis Cartier était armé. Son fusil de chasse avait été découvert à ses côtés. Il manquait une cartouche. Un grand chien ne se rate pas comme ça.

Dès le lendemain, je retournai à mon chêne.

J'y retrouvai l'ermite.

Il s'adressa à moi sans me regarder, l'œil fixé sur le chantier où s'affairaient les gendarmes.

Repousser les nombreux journalistes leur prenait, semble-t-il, plus de temps et d'énergie que l'enquête elle-même.

« Les hommes sont devenus fous, fit Élie. Regarde, petit. Avant ce chantier, nous vivions dans la paix et la tranquillité, loin de tout.

– Mais, se retirer du monde n'est pas une solution, rétorquai-je.

– Tu as raison, petit. Mais on peut très bien vivre ensemble, partager cet espace sans en bousculer l'équilibre. Ton grand-père ne s'est pas coupé du monde. Il a pourtant compris que la nature est fragile. Nous ne sommes pas les seuls habitants de la vallée.

– Que voulez-vous dire ?

– Il y a les animaux, les plantes… Regarde ces arbres. Ils ont vingt fois ton âge. Regarde cette

buse dans le ciel. Regarde ces coulées dans les herbes : il reste encore des lapins. »
Élie me désignait chaque chose du doigt, chacune de ces vies à côté desquelles je passais chaque jour.
« Et je ne parle que des formes visibles… Ce n'est pas tout. »
Il s'arrêta net, comme s'il avait trop parlé.
« Que voulez-vous dire ? »
Il attendit un peu avant de répondre, comme s'il réfléchissait à la façon d'échapper à un piège. Enfin, il fit basculer du bout du pied une grosse pierre, libérant une multitude grouillante d'insectes et de larves.
« La vie est partout, conclut-il. Ton monde moderne n'est pas le seul. »
Je ne compris pas tout de suite le sens de ces paroles, mais je sus que la discussion était terminée. L'ermite avait repris sa position figée, les yeux dans le vague. Je redescendis le Montet.

En fin de compte, j'étais content de partager mon observatoire. Élie était pour moi devenu un compagnon mystérieux et passionnant, et je n'étais pas peu fier d'être un des rares à pouvoir lui parler. Peut-être le seul ?

En arrivant à la maison, je trouvai mon grand-père en grande discussion avec des gendarmes. Je saluai poliment, puis je passai mon chemin et allai m'installer dans ma chambre. L'interrogatoire ne reprit qu'après ma sortie, mais j'entendais tout à travers la porte.

« Ainsi donc, questionnait le brigadier, tous les gens du village étaient présents à la réunion de mardi ?

– Tous. Sauf les gosses et les plus âgés. Ah ! si. Il manquait Gunst. Cette fripouille a trop à faire avec son hôtel où il loge les hommes en jaune. Avec les journalistes, aujourd'hui, il ne désemplit pas. Mais il nous a rejoints tout de suite dans la rue. Il manquait aussi les Fernière qui sont en vacances je ne sais où, et Guibert qui est malade, il a trouvé le moyen d'attraper la grippe en plein été, cet incapable !

– Voyez-vous une raison pour que l'un de ces absents ait pu…

– Commettre un crime ? Vous rigolez ? Vous trouverez de fieffées crapules au village, mais de là à tuer… Et puis on a trouvé des traces de morsure : c'est un travail d'animal, ça.

– Quand même, pour l'enquête…

– Non. Guibert se voit privé d'un pré par l'autoroute, mais il a été grassement payé. Il râle, bien sûr, mais ce n'est pas un assassin. Pour les autres, je ne vois pas.
– Eh bien ! merci Monsieur, firent les gendarmes en se levant. Peut-être aurons-nous l'occasion de nous revoir d'ici la fin de l'enquête. »
Ils vidèrent d'un trait leur reste de vieux marc et sortirent en saluant. Je revins dans la pièce commune. Mon grand-père commençait à préparer le repas. Je me mis à table sans un mot.
« Qu'est-ce que tu en penses, toi, petit ? »
Je me trouvai tout penaud. Pour une fois que mon grand-père m'interrogeait, me parlait comme à un adulte, je ne savais quoi répondre. J'étais fier, j'aurais voulu qu'on discute en hommes. Je ne pus qu'émettre un haussement d'épaules.

Chapitre 5

La fin du Montet

L'après-midi, je m'installai dans ma chambre, à mon bureau. J'entendais mon grand-père pianoter sur son ordinateur. Je voulais faire le point. Je griffonnai quelques mots sur un bout de papier :

Gunst – Fernière – Guibert – John.

Un autre nom me vint à l'esprit : Élie. Lui non plus n'était pas à la réunion. Pourquoi mon grand-père n'en avait-il pas parlé aux gendarmes ? Tous les villageois avaient un alibi.

– Fernière semblait hors de cause.

– Gunst, dans son hôtel, profitait de la publicité faite au village. Des vacanciers curieux, des journalistes arrivaient en masse. Son restaurant affichait complet et il lui arrivait même de loger des voyageurs sur des lits de camp tant son hôtel manquait de place. Je ne l'aimais pas beaucoup, mais

ça ne suffisait pas à en faire un meurtrier.
– Guibert. Bien sûr, l'autoroute passait sur ses terres, mais ce n'était pas son plus farouche opposant : il avait pu tirer de la vente de son pré une somme coquette. Et puis c'était un gros homme de 120 kilos que je voyais mal, avec sa santé fragile, escalader le grillage du chantier et attaquer le garde.
– John (Jean Dufoin) était bien assez nerveux et exalté pour faire de grosses bêtises. On l'avait déjà surpris au moment où il allait saboter les pelleteuses du chantier, dans les premiers jours. On disait qu'il aurait pu provoquer un grave accident. Était-il capable d'un meurtre ? En tout cas, le soir de l'orage, il était au café avec toute sa bande. Une quinzaine de personnes pouvaient en témoigner.
Restait Élie. L'homme était étrange. Il avait un mobile : plus que sa cabane, c'est toute sa vie qu'allait écraser l'autoroute. Pourtant, je n'arrivais pas à le croire coupable.
De toute façon, le mobile ne suffisait pas à expliquer les deux crimes. Il y avait aussi la manière dont ils avaient été commis. Pas d'arme. Des morsures et des empreintes de grand chien.

Gunst.
Fernière.
Guibert.
John.

Un voix tonna dans le jardin. L'ordinateur, dans le bureau, s'était tu. Je passai la tête à la fenêtre. Mon grand-père invectivait trois hommes en jaune qui plantaient des piquets de métal tout autour du Montet. Je sortis en courant. Quand j'arrivai, les ouvriers, indifférents aux éclats de voix à peine polis de leur voisin, entouraient la colline d'une bande en plastique.

« Vous devriez vous éloigner, messieurs, fit l'un d'eux à notre encontre. Cela pourrait être dangereux. Rassurez-vous, ça ne sera pas long. »

L'ancien me reconduisit en maugréant jusqu'à la maison. Nous nous postâmes sans un mot à la fenêtre. Nous n'eûmes pas longtemps à attendre. L'homme en jaune qui nous avait repoussés sortit son talkie-walkie et prononça quelques mots.

Une détonation assourdissante fit trembler les portes et les vitres. Instinctivement, je m'étais accroupi, les mains sur la tête. Quand l'écho de l'explosion se dissipa, je me relevai lentement. Mon grand-père, immobile, regardait fixement le Montet. Je tournai les yeux dans la même direction. Derrière la colline, un immense nuage de poussière ocre s'élevait, glissant le long des flancs. Je vis mon chêne bouger, s'incliner, puis

arrêter sa chute à mi-distance, comme s'il refusait de tomber.
J'éclatai en sanglots, ivre de fureur.
« C'est pas vrai ! Ils n'ont pas le droit ! C'est mon chêne !
Je tournai les yeux vers mon grand-père. Il n'avait pas bougé depuis que nous étions rentrés.
Une grosse larme coulait le long de sa joue.

Il fallut attendre le lendemain pour aller mesurer l'étendue des dégâts. Les ouvriers avaient fait sauter la moitié de la colline d'un seul coup. J'appris plus tard qu'il s'agissait de dégager une bretelle d'accès.
Mon chêne pendait, lamentable, dérisoire, pathétique en haut de la falaise ainsi créée.
C'était un de ces arbres centenaires, sans rien de particulier, mais qui surveillait la vallée depuis toujours. Il avait vu mes premiers jeux d'enfant, supporté mes cabanes et mes coups de canif.
Ce jour-là, je pris parti contre l'autoroute.
J'effaçai d'un trait mon admiration pour ces monstres mécaniques au rang desquels je classai les ouvriers qui les conduisent et les décideurs qui les dirigent. Un tel méfait ne pouvait être commis que par une brute sans âme.
La profanation de mon chêne me fit oublier les tragiques évènements du mois. Mon grand-père

lui-même semblait très affecté. Il ne prononça pas un mot de la journée.

J'avais pourtant besoin de parler. Je résolus donc de retrouver Élie.

Chapitre 6
La cabane

Le lendemain matin, les piquets et la banderole n'avaient pas disparu. Le chêne s'agrippait toujours à son bout de rocher mutilé. Évidemment, Élie n'était pas au rendez-vous. Je contournai donc le chantier jusqu'au ruisseau et j'entrepris de le remonter jusqu'à la cabane de l'ermite. Hélas, à peine avais-je rejoint le cours d'eau que midi sonnait au clocher du village. Vue d'en bas, la distance qui me séparait de la masure paraissait bien plus importante. Du haut de mon chêne, tout semblait si petit. Je remis donc mon expédition à l'après-midi.

Pendant le repas, mon grand-père m'annonça une nouvelle qui allait me faciliter la tâche : il devait s'absenter pour l'après-midi et risquait de rentrer tard. Il m'asséna une douzaine de recommandations et prépara un dîner froid pour le cas où nous ne mangerions pas ensemble.

Il partit vers 14 heures au volant de sa vieille Renault 4.
Je sortis dix minutes après lui.
Le trajet fut décidément bien plus long que je ne l'avais pensé. Il ne me fallut pas moins de deux heures pour rencontrer le ruisseau, chemin le plus court jusqu'à la maison d'Élie. Ensuite, un sentier s'enfonçait dans la sombre forêt de chênes. Une fraîcheur apaisante régnait à l'ombre des grands arbres. La masse du feuillage arrêtait au loin les bruits du chantier et on entendait partout des chants d'oiseaux de toutes sortes. Je réalisai que ces chants avaient disparu de la vallée avec l'arrivée des hommes en jaune.
Le sentier montait une pente raide et j'arrivai fourbu en vue de la cabane. Aucune route, tout juste un chemin mal empierré. Élie ne conduisait pas et ne se déplaçait qu'à pied.
Les murs de pierre grise étaient envahis par le lierre. Certaines fenêtres étaient même condamnées par les plantes grimpantes. Les volets étaient clos. Avais-je fait tout ce chemin pour rien ?

Je fis le tour de la maison.
Quelle ne fut pas ma stupeur lorsque je découvris, devant la porte, la vieille Renault 4 de mon grand-père !

Je restai stupéfait, hésitant sur la conduite à tenir. Je finis par approcher doucement. À l'intérieur, j'entendis les voix d'Élie et de mon grand-père. Ils discutaient calmement, à mi-voix et je ne pouvais entendre.
Qu'est-ce que l'ancien faisait là ?
Pourquoi m'avait-il caché le but de sa visite ?
Mes réflexions de la veille me revinrent en mémoire. Il n'avait pas parlé d'Élie aux gendarmes.
Pourquoi ?

Le bruit du loquet.
Mon grand-père sortait. Seul. Je me cachai dans l'angle de la maison, sous le lierre. Ce qu'il fit alors me laissa stupéfait. Il referma la porte, puis s'empara d'une traverse de bois et barricada le contrevent, enfermant Élie.
C'est alors que je remarquai que tous les volets étaient fermés de la même façon : de l'extérieur !

Mon grand-père s'installa au volant de sa voiture, jeta un regard en arrière, comme pour s'assurer qu'il n'avait rien oublié, puis s'engagea dans le chemin creux en direction du village. Je suivis des yeux la vieille Renault 4, cahotant dans les ornières, puis restai un moment songeur.

Que fallait-il faire ?

J'appelai :

« Élie ! »

Pas de réponse.

« Élie ! C'est moi, Paul ! »

Il me sembla qu'on bougeait dans la cabane.

« Élie, voulez-vous que j'ouvre ?

– Non ! surtout pas ! »

La voix était celle d'Élie, mais si dure, si grave, que je la reconnus à peine. Le ton était sec, impératif, presque méchant.

« De quoi te mêles-tu ? Fiche-moi la paix et décampe, vite ! Je t'interdis de venir rôder par ici, tu m'entends ?

– Mais, M'sieur, je…

– Pars ! »

Le dernier ordre avait été hurlé d'une voix menaçante, sans appel. Je reculai en tremblant, puis je fis demi-tour et détalai vers le sentier.

Je crois qu'il ne me fallut pas la moitié du temps que j'avais mis à l'aller pour rejoindre le chantier. Je ne m'arrêtai de courir qu'arrivé à la palissade qui en interdisait l'entrée. Là, je m'effondrai dans l'herbe poussiéreuse, pleurant et haletant. La vue des machines pourtant détestées, signes d'une activité humaine, me rassura.
Je repris courage et continuai plus calmement mon chemin.
Lorsque j'arrivai à la maison, la nuit commençait à tomber. J'entendis la voiture de mon grand-père s'engager dans l'allée. Il était neuf heures. Nous étions déjà en août. Il y avait un mois, jour pour jour, qu'on avait retrouvé le corps de Laugier.

J'avais du mal à regarder mon grand-père comme d'habitude. Il dut s'en rendre compte ; en tout cas, il ne le montra pas.
Nous parlâmes bien peu ce soir-là. Je montai tard me coucher, et, malgré les fatigues de la journée, je dormis mal. Je me réveillai souvent, croyant entendre dans mes rêves le cri lugubre du soir de l'orage. Les images s'entrechoquaient : les morts, le chantier, un chien énorme, Élie… et toujours ce cri.
Mais était-ce bien un rêve ?

Je me réveillai à l'aube. La maison était vide. L'ancien était déjà sorti, sans laisser un mot. Je grignotai quelques biscuits, enfilai un gilet et sortis. Les matinées étaient fraîches maintenant et un peu de rosée avait fait son apparition. Le soleil se levait timidement et on pouvait voir la pleine lune se coucher dans le ciel pâle. Dans le silence,

les bruits portaient loin. Il me semblait entendre des voix venues du chantier. Je passai donc sous la banderole et escaladai le Montet. Je me gardai pourtant d'approcher mon chêne. Je m'arrêtai à quelques mètres de la fracture vertigineuse qui s'ouvrait à ses pieds.

En bas, dans la vallée, de nombreux villageois étaient rassemblés autour des camions. Les véhicules de la gendarmerie en disaient long sur ce qui avait dû se passer.

Un troisième meurtre avait été commis.

Mon grand-père rentra peu avant midi, l'air maussade, vaguement perplexe. Depuis le début des évènements, je ne le reconnaissais plus.

Certes, la vie de la vallée se trouvait bouleversée et la sienne aussi. Mais ne cachait-il pas quelque indicible secret qui aurait un rapport quelconque avec ces drames ?

J'aimais trop mon grand-père pour m'imaginer qu'il fût coupable. Il devait plutôt protéger quelqu'un. Qui ? Élie ?

En tout cas, l'ermite semblait hors de cause pour ce dernier crime.

On avait retrouvé un ouvrier, un Espagnol dénommé Sanchez, mort dans les mêmes circonstances que le précédent. Pas de traces au sol, mais dans la gorge des marques de canines énormes.

Or, j'avais vu de mes yeux Élie enfermé, hier soir, dans la cabane.

L'après-midi, mon grand-père sortit à nouveau. Il ne m'était pas difficile, cette fois, d'imaginer sa destination. Je n'avais pas envie de retourner là-haut. Le souvenir de la voix d'Élie me faisait toujours frissonner. Je décidai, pour me changer les idées, de descendre au village, voir si je ne pouvais pas escroquer quelques bonbons à la mère Jacquard. Je pris donc le chemin de Castelroc.

Je ne m'étais pas rendu compte combien notre paisible bourgade avait changé en quelques semaines.
La population avait dû tripler. On y rencontrait bien des têtes inconnues. On reconnaissait les journalistes à leur allure branchée, bien soignée, tantôt brushing-veste croisée, tantôt catogan-gilet reporter plein de poches, mais toujours des chaussures de ville qui les faisaient marcher comme sur des aiguilles dans nos sentiers de rocailles poussiéreuses. Ils monopolisaient les trottoirs de la rue unique avec leurs quatre-quatre et leurs camions de radio ou de télévision.

Ensuite, il y avait les touristes qu'une curiosité macabre amenait dans ce « pittoresque petit village qu'on a vu à la télé ». Shorts, socquettes, lunettes noires et chapeaux ridicules. Bon. Je caricature un peu. N'empêche qu'on identifiait bien chaque nouvel arrivant et que je ne retrouvais plus mes marques.

Pas un enfant dans les rues. Je suis plutôt solitaire et je joue peu avec ceux de mon âge, mais ce jour-là, j'aurais volontiers partagé quelques jeux futiles avec un copain.

En plus, impossible d'approcher le comptoir de la mère Jacquard. La boutique était envahie de curieux, pillant le stock de cartes postales, au grand ravissement de la patronne qui pouvait à loisir commérer, raconter cent fois les mêmes histoires aux nouveaux clients, avides de ragots.

Déçu, j'allai m'asseoir sur les marches du café. J'observai ce monde bizarre qui n'était plus le mien. Attablés à la terrasse, un groupe d'écologistes buvaient en silence leurs demis, regardant ce manège comme moi, d'un air exaspéré.

Plus près de moi, quatre journalistes discutaient.

« Qu'est-ce que t'as déniché d'intéressant, toi ? demandait un type genre "premier-de-la-classe."

– Pas grand-chose, répondit un cadreur à catogan et petites lunettes de soleil rondes. La vieille de l'épicerie raconte des histoires abracadabrantes d'un loup-garou qui hantait autrefois un château dans le coin.
– Pas brillant. Ça aurait pu marcher au début de l'affaire, mais maintenant, le public veut du concret, des résultats d'enquête.
– Faut voir, quand même, fit le troisième, un gars en gilet reporter bardé d'appareils photo. Il est où, ce château ?
– Il n'y est plus, figure-toi. Il n'en reste qu'un pan de mur, en haut d'un piton rocheux. Et puis, les histoires de loup-garou, au XXe siècle, tu sais...
– Le public est toujours sensible aux vieilles légendes et il aime bien se faire peur. Il y a les traces de pas, les morsures... À qui est-il, ce château ?
– Communal, répondit le quatrième en allumant sa cigarette avec le mégot qu'il venait de finir. On ne connaît aucun descendant aux comtes de Syl... vren, Sylbrin... Je ne sais plus. Non, crois-moi, il n'y a rien à en tirer.
– Dommage. »
Tu parles qu'il n'y a rien à en tirer. Je le connais

bien, moi, le château. Bien malin qui pourrait imaginer une bâtisse en regardant ce qu'il en reste : quatre pierres envahies par les orties, juste en dessus de la cabane d'Élie.

« Et du côté des opposants, vous avez fouillé ? demanda le fumeur. N'y aurait-il pas un personnage croustillant à interviewer ?

– Pas très coopératifs, répondit le photographe. J'ai cru un temps qu'on pourrait tirer quelque chose de leur chef de file, mais c'est un excité, incapable de se retenir.

– Ce n'est rien de le dire, fit le premier-de-la-classe. Il ne sait que cracher sa bile sur le projet d'autoroute. Si on l'écoute, il n'y a que des s… : élus, patrons, ingénieurs, ouvriers… Il faudrait tout casser. Ce type est bon à enfermer.

– Mais ça fait un suspect en béton, ça !

– Même pas. Il a un alibi solide au moins pour le premier crime. »

J'étais écœuré de la façon dont ces quatre-là parlaient des évènements, de la manière dont ils traitaient les informations, les indices, l'enquête : comme un produit de consommation à nous vendre.

Du moins m'avaient-ils aidé à faire le point. On ne savait, hélas, pas grand-chose : l'enquête tournait en rond. Restait le « cas Élie », un mystère.
La chaleur était étouffante. Je n'avais pas réussi à me détendre et à me changer les idées. Je rentrai, pensif, à la maison. Mon grand-père arrivait tout juste. Il me parut plus détendu, souriant comme je ne l'avais pas vu depuis longtemps.

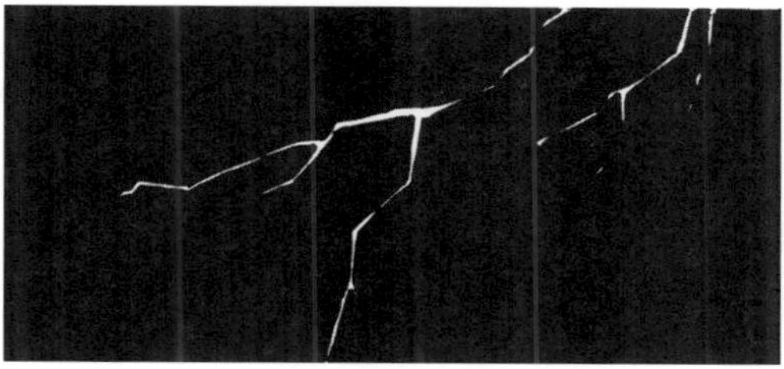

Pendant le repas, je fus informé des dernières nouvelles. Le chantier était arrêté par ordre du préfet et les gendarmes y montaient une garde assidue.
Nous passâmes une agréable soirée, calme dans la torpeur estivale.
Au matin, nous descendîmes au village faire quelques courses. L'ancien parvint même, ô miracle, à trouver deux places libres au restaurant de Gunst. Nous réussîmes enfin à nous changer les idées. Cela n'allait, hélas, pas durer.

Vers quatorze heures, en sortant du restaurant, nous fûmes abordés par deux gendarmes. Dans le cadre de l'enquête, ils souhaitaient réunir tous les participants à la réunion-débat.
Je vis mon grand-père pâlir jusqu'à devenir livide.

Il chercha maladroitement à se dérober, invoquant tour à tour un emploi du temps chargé, une affaire importante, une grande fatigue... Les représentants de l'ordre sentirent qu'il y avait quelque chose de louche. Ils se firent plus fermes. L'ancien se mit à tempêter, à crier au scandale. Il fut amené quasiment de force à la mairie où la réunion n'aurait lieu qu'une heure plus tard, au moins.

Je fus confié, éberlué, à la mère Jacquard. Qu'est-ce qui avait pris à mon grand-père ?

Je me perdais dans mes réflexions, assis derrière le comptoir de l'épicerie. La solution m'apparut enfin : Élie ! Mon grand-père allait manquer son rendez-vous avec Élie.

Je regardai ma montre : 15 heures 30. Je ne sais pourquoi, mais je me sentis investi d'une mission : je devais aller à la cabane à la place de mon grand-père.

Il fallut d'abord échapper à la surveillance de la mère Jacquard. Cela me prit presque une heure. Je pus finalement profiter du passage d'un client pour m'éclipser par la porte laissée ouverte. Je traversai en courant le village, puis piquai à travers champs pour rejoindre le ruisseau.

Pas un instant je ne me posai de question. Élie était innocent : enfermé dans la maison, il n'avait pas pu commettre le meurtre, et si mon grand-père était son ami, je devais l'aider, quelle que soit la raison, quel que soit leur secret.

Partant du village, le chemin était plus long. Lorsque j'arrivai, il était déjà tard. De lourds nuages noirs venus de l'est s'accrochaient aux montagnes. Je frissonnai en pensant au dernier orage.

Je me raisonnai. Élie n'était pas coupable et je devais l'aider.

À quoi ? C'est lui qui me le dirait.

Les volets et la porte étaient toujours condamnés par des traverses de bois. Tout était calme. On n'entendait que le vent qui se levait dans le feuillage. J'appelai :

« Élie ! »

Pas de réponse.

« Élie ! C'est moi, Paul ! Mon grand-père est retenu au village. Je suis venu vous aider.

– Va-t'en ! Laisse-moi ! »

La voix était moins rude, cette fois, et j'étais décidé. J'ôtai la traverse qui coinçait la porte et j'ouvris.

La pénombre la plus complète régnait à l'intérieur. Il me fallut un peu de temps pour m'habituer à l'obscurité.
« Élie, c'est moi. Où êtes-vous ? Je suis venu pour vous aider. »
Un bruit de respiration me parvint d'un angle de la pièce. Clignant des yeux, je devinai la forme d'Élie pelotonnée dans un fauteuil.
« Tu n'aurais pas dû venir, fit-il doucement. N'approche pas ! »
J'avais déjà fait quelques pas vers lui. Je posai ma main sur son épaule pour le rassurer, l'apaiser. Il saisit vivement mon bras. Je sentis ses ongles s'enfoncer dans ma chair. La douleur m'arracha un cri.
L'étreinte se desserra.
« Ne me touche pas ! Tu ne dois pas savoir. Seul ton grand-père... »
Je ne pus répondre, saisi par la surprise et la douleur. Avec un cri de désespoir, Élie se précipita au-dehors. J'eus à peine le temps de voir sa silhouette se découper à contre-jour dans l'ouverture de la porte.
Sonné par l'émotion, je me relevai avec peine.

Mon bras me faisait mal. Je sortis à mon tour.
Les nuages avaient obscurci le ciel. Il semblait qu'il allait faire nuit avec plusieurs heures d'avance.
Des bourrasques de vent s'engouffraient entre les arbres. Encore abasourdi, je repris le chemin de la maison.

J'arrivai chez nous avec les premières gouttes de pluie. Mon grand-père n'était pas là.
J'allais saisir le téléphone pour appeler la mairie quand j'entendis un bruit de pneus sur le gravier de l'allée. Il rentrait, escorté par le fourgon de gendarmerie.
Les adieux furent brefs. La porte claqua. Le tonnerre lui répondit au-dehors.
Je mis la table en silence. Mon grand-père grommelait des mots incompréhensibles, mais je devinais où allaient ses pensées.
Il ne leva les yeux que lorsque je lui signalai qu'on pouvait passer à table. C'est alors qu'il vit la blessure sur mon bras. J'avais pas mal saigné.
« Comment t'es-tu fait ça ?
– Ce n'est rien, je t'assure. C'est juste…
Il m'avait pris le bras et l'examinait attentivement.

« Je ne vois qu'une chose qui puisse faire ces marques. »
Il attendait ma confession. J'avouai.
« Qu'est-ce qui t'a pris ?
– Je savais que tu devais t'y rendre. J'ai voulu t'aider, l'aider, lui. »
Mon grand-père ouvrit de grands yeux affolés.
« L'aider, lui… Te rends-tu compte ? Est-ce que tu as…
– Oui, j'ai ouvert. »
Il s'affala sur une chaise, le teint blême, le regard perdu.
« Tu l'as vu ?
– Pas très bien. Il fait si sombre chez lui ! Et il est parti si vite ! Dis, c'est grave ?
– Si c'est grave ? Oui, c'est grave, Paul. Très grave.
C'est la pire chose qui pouvait nous arriver. »

« Élie ! »
Il sursauta puis se retourna lentement. Lorsque je vis son visage sous la capuche, mon sang se glaça.

L'homme portait en guise de coiffe une tête de loup dont les deux immenses crocs descendaient devant les yeux. La peau de l'animal recouvrait ses épaules, les deux pattes avant retombant sur son torse. Il avait l'allure d'un monstre, d'une bête de légende. Mais ce n'était pas un monstre que j'avais devant moi. C'était bien un homme, un homme assez fou pour hanter la vallée, sous l'orage, vêtu de cet horrible accoutrement. Les seules parties du visage que l'on devinait dans le noir, c'étaient sa barbe hirsute descendant sur sa poitrine et, derrière les canines du loup, les yeux étincelant d'une folie furieuse.

J'étais comme statufié ; j'avais l'impression de m'être vidé en une fraction de seconde et je restai là, hébété, incapable de prononcer un mot ou de faire un geste.
Je ne découvris la figure qui me faisait face

qu'à la faveur d'un éclair.
« John. »
C'est le seul mot que je proférai. Il eut un rire sardonique.
« C'est bien moi, jeune homme. Tu es maintenant le seul à connaître la vérité. Tous ces trouillards n'osent pas vraiment aller jusqu'au bout de notre combat. Moi seul pouvais arrêter l'avancée de ces démons. »
Il montrait du doigt, derrière lui, le chantier.
« Telle est ma mission et je l'accomplirai. Grâce à moi, leur misérable besogne est arrêtée. Mais ça ne suffit pas. Ils doivent payer. Ils doivent être châtiés.
Quant à toi… Tu sais maintenant. Mais tu es le seul. Tu dois donc mourir pour que mon œuvre se poursuive. »

Il leva lentement le bras prolongé du bâton. Ce n'est qu'alors que je vis les crocs plantés dans le bois de l'arme ; les crocs avec lesquels il avait frappé les malheureux ouvriers, laissant des marques pareilles à des morsures profondes.
Les bras ballants, sans force, je regardai la massue se lever dans le ciel d'orage.

Une main énorme, terminée par des griffes acérées s'abattit sur le poignet de John au moment où il allait frapper. Une créature horrible, mi-homme, mi-bête, venait de surgir entre moi et mon agresseur.

Toutes les parties de son corps dépassant de ses vêtements usés et détrempés étaient couvertes d'un épais pelage gris ; son visage était exactement celui d'un loup gigantesque.

Il ne s'agissait plus d'un déguisement : j'avais devant moi un véritable loup-garou.

Et pourtant, c'était ce monstre qui venait de me sauver la vie !

John recula d'un pas. Ses yeux s'éclairèrent d'une expression d'épouvante ; sa bouche s'ouvrit, mais aucun son ne put en sortir. Je compris alors comment était mort Laugier.

Se débattant avec la force du désespoir, John parvint à se défaire de l'étreinte du loup-garou.

La bête ne fit pas un pas. Levant son museau vers le ciel, elle poussa un hurlement lugubre. Je reconnus le cri.
La massue de John s'abattit sur elle, lui arrachant un autre cri, de douleur cette fois. Portant la patte à son torse ensanglanté, le loup-garou regarda tour à tour la blessure et son agresseur. Alors, découvrant des dents aiguisées comme des couteaux blancs sur le rouge des gencives, le monstre avança.

Perdant tous ses moyens, John reculait en trébuchant vers le sommet de la colline. Il arrivait près du chêne quand le sol, gorgé de pluie, céda sous ses pas.
Avec un hurlement d'effroi, le criminel bascula du haut de la falaise.
Le loup-garou observa longuement le corps de John, sans vie, en bas du Montet.

Puis, lentement, il se tourna vers moi.

« Couche-toi, petit ! »
J'entendis la voix dans mon dos, mais je fus incapable d'obéir, pétrifié par l'épouvante. J'entendis aussi les aboiements des chiens.
Deux coups de feu claquèrent.
Je vis le loup-garou sursauter et reculer à chacun d'eux. Gémissant et grognant de douleur, il s'affaissa dos contre le chêne. Pendant une fraction de seconde, nos regards se croisèrent. Je pourrais jurer que je ne vis dans ses yeux ni haine ni violence. J'y lus au contraire toute la douceur et l'incompréhension d'un monde qui s'écroule.

Un grand craquement résonna dans la vallée. Ce n'était plus l'orage. Mon grand chêne, étirant ses dernières racines dans la boue, tombait à son tour dans le vide, entraînant avec lui le monstre qui m'avait sauvé.

Je fus recueilli par les gendarmes et amené aux baraquements du chantier qu'ils surveillaient. On me sécha, on me réchauffa et on me fit boire un grog brûlant.
Le vieux Gaston, notre voisin, avait entendu les cris sur le Montet et il était venu me prêter main forte. C'est lui qui avait tiré. Il essayait maintenant de convaincre les gendarmes.
Naturellement, on le prit pour un fou.
On alla chercher mon grand-père. Lui aussi avait tenté de raconter son histoire de loup-garou. Mais comme il avait bu et empestait l'alcool, on ne tint aucun compte de ses paroles et on le garda pour la nuit à la mairie.
Moi-même, sortant peu à peu de mon abattement, j'essayai de raconter ce que j'avais vu. Mais malgré la similitude des trois versions, on ne me crut pas. Pourquoi croirait-on un enfant ?
Il restait que les deux corps étaient en bas de la falaise. Les gendarmes seraient bien obligés d'admettre la vérité.
Un brigadier rentra en s'ébrouant dans la baraque.
« Il y a bien deux corps, confirma-t-il. L'un, c'est ce Jean Dufoin, ce type complètement cinglé.

Il porte une espèce de déguisement de loup-garou.
– Et l'autre ? fis-je, angoissé.
– L'autre c'est cet ermite tout aussi cinglé, Élie je-ne-sais-comment.
– Élie Sylvien, comte de Castelroc, » compléta calmement et gravement mon grand-père.

Je ne me souviens plus comment se termina la nuit.
Il fut convenu que, dans sa folie, Jean Dufoin, alias John, avait assassiné les ouvriers dans le but d'arrêter les travaux de l'autoroute. J'avais découvert son méfait ; Élie s'était interposé pour me sauver et, dans la confusion, Gaston l'avait abattu en croyant m'aider.
Hélas, ce pauvre Gaston s'accrocha à sa version des faits et on ne tarda pas à l'interner, le prenant pour fou.

La clé de l'énigme, je la tiens de mon grand-père. Le soir du premier orage, Élie était bien allé rôder autour du chantier.
Comme tous ses ancêtres, il était atteint d'une forme aiguë de lycanthropie ; non pas seulement une maladie mentale qui conduit à se prendre pour un loup. Élie, à certaines périodes correspondant à un cycle mensuel, devenait vraiment un loup. À force de volonté, il parvenait à stopper cette transformation à un stade intermédiaire. Il était ce que nos vieilles légendes appellent un loup-garou. Mais comme l'animal n'est pas foncièrement méchant, Élie n'attaqua jamais personne, ni homme ni bête. La partie humaine se nourrissant convenablement, la partie animale éprouvait rarement le besoin de chasser. Nous sommes donc bien loin du mythe des loups-garous sanguinaires. Hélas, il fut surpris cette nuit-là par Laugier dont le cœur fragile lâcha comme une pile survoltée.

C'était bien les empreintes d'Élie qu'on trouva près du corps.
C'est alors qu'une idée germa dans l'esprit malade de Dufoin : ranimer les vieilles peurs, opposer une malédiction ancestrale à l'avancée des travaux. Il n'hésita pas, dans sa folie, à aller jusqu'au meurtre. Le pire est que cela faillit marcher, au point qu'Élie douta de lui-même. Il se fit donc enfermer les soirs de pleine lune par mon grand-père. Ce dernier, lié à la famille des comtes de Castelroc par un très ancien cousinage oublié de tous, était dans la confidence.
Lorsque je libérai Élie, ce qui aurait pu être une erreur monumentale me sauva finalement la vie.

Le chantier de l'autoroute a été abandonné il y a maintenant quinze ans. Les opposants, dotés d'un nouveau leader, un homme paisible, raisonnable et cultivé, aidés aussi par mon grand-père et quelques villageois, ont eu gain de cause.

La nature a repris ses droits dans la vallée.

Par contre, le village, privé de voie de communication, s'est vidé lentement de tous ses habitants. Il ne reste aujourd'hui que mon grand-père et Alphonse, l'ancien maire qui s'accroche à son passé.

Gunst a ouvert une grande auberge le long de la nationale.

La mère Jacquard moisit dans une maison de retraite.

Mon grand-père va souvent la voir.

Gaston est toujours interné. Je crois qu'il a fini par devenir vraiment fou.

Quant à moi, j'ai abandonné mes études pour prendre la place d'ermite d'Élie.

De la blessure qu'il m'a infligée, je garde un souvenir cuisant et j'en ressens la douleur à intervalles réguliers. Aujourd'hui, elle me laisse en paix. Je la devine à peine sous mon pelage.
Mais je vous quitte. J'entends approcher la vieille Renault 4 de mon grand-père.

Il vient fermer les volets.